학교는 즐거워 10

줄임말 대소동

1판 9쇄 발행 2024년 10월 1일 | 1판 1쇄 발행 2013년 11월 25일
글 박혜숙 | 그림 정경아
펴낸이 김상일 | **펴낸곳** 도서출판 키다리
출판등록 2004년 11월 3일 제406-2010-000095호
제조국 대한민국 | **사용연령** 8세 이상
주소 경기도 파주시 심학산로 10
전화 031-955-9860(대표), 031-955-9861(편집) | 팩스 031-955-1601
이메일 kidaribook@naver.com | 홈페이지 www.kidaribook.kr
ISBN 979-11-85299-09-9 (74810) | 978-89-92365-65-9 (세트)

• 이 책의 출판권은 키다리 출판사에 있습니다.
• 저작권법에 의해 한국 내에서 보호를 받는 저작물이므로, 무단전재와 무단복제를 금합니다.
• 잘못된 책은 구매하신 곳에서 교환할 수 있습니다.

줄임말 대소동

박혜숙 글 | 정경아 그림

킨디리

차례

- **이상한 나라** 6

    바른 말 쓰기 대작전 1
    '줄임말'의 정체를 파헤쳐라! 13

- **비밀 작전이 시작되다** 14

- **용수를 이기다** 24

    바른 말 쓰기 대작전 2
    왜 바른 말을 써야 할까? 39

- **쓰면 쓸수록 재미있는 줄임말** 40

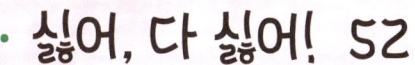

- 싫어, 다 싫어! 52

　　바른 말 쓰기 대작전 3
　　올바른 언어 습관을 기르자! 65

- 모든 것이 들통 나다 66

　　바른 말 쓰기 대작전 4
　　이럴 땐 이렇게 말해 봐! 72

- 외계인이 된 나대기 74

　작가의 말 86
　추천의 글 87

이상한 나라

수업이 끝나는 종이 울리자마자 나는 화장실로 쪼르르 달려갔다. 시원하게 오줌을 누자, 기분이 날아갈 것 같았다. 화장실에서 나와 보니 복도에 아이들이 옹기종기 모여 있었다.
'무슨 일이지?'
진철이가 아이들에게 웬 봉투를 나누어 주고 있었다.

"동우야, 저게 뭐야?"

"생파 초대장."

진철이는 용수에게도 봉투를 주었다. 용수는 우리 반 대장이다. 덩치가 커서 아이들이 꼼짝도 못한다.

용수가 진철이에게 물었다.

"뭐 사 줄까?"

"너는 그냥 와도 돼."

"그럼 나는? 나도 그냥 가도 돼?"

용수 옆에 있던 동우가 끼어들었다.

"네가 용수랑 같니?"

"치, 그럼 나는 뭘 줄까?"

"그걸 꼭 말해야 아니?"

진철이는 동우에게도 초대장을 주었다. 다음은 내 차례인 것 같아 손을 내밀었다. 하지만 진철이는 그냥 지나쳤다. 나랑 눈이 딱 마주쳤는데도 모른 척했다.

'기다려 보자. 나를 빼놓지는 않을 거야.'

진철이가 나를 잘 볼 수 있도록 한 발짝 앞으로 나아갔다. 하지만 진철이는 나를 보지 않았다.

내 옆의 아이, 그 옆의 아이, 그 옆의 옆의 아이……. 가지고 있는 초대장을 다 나누어 줄 때까지 내 쪽은 보지도 않았다. 초대장을 다 나누어 준 진철이는 먼저 교실로 들어갔다. 그러자 용수가 아이들을 둘러보았다.

"생파에는 문상이 최고야. 문상으로 준비해."

"알았어, 대장!"

아이들이 고개를 끄덕였다.

"동우야, 생파랑 문상이 뭐야?"
"너는 몰라도 돼!"

동우가 대답했다. 용수와 아이들은 자기들끼리 키득거리며 교실로 돌아갔다. 텅 빈 복도에는 나 혼자 남았다.

이상한 나라에 떨어진 외톨이가 된 기분이었다. 그런데도 궁금증은 멈추지 않았다.

'치, 무슨 말인데 자기들끼리만 알고, 나는 끼워 주지 않는 거야!'

나는 그 다음 날부터 아이들이 하는 말에 귀를 기울였다. 화장실에서 오줌을 누거나, 문방구에서 준비물을 살 때도 아이들이 하는 말을 놓치지 않으려고 노력했다.

일주일째 되던 날, 문방구에서 여자아이들을 보았다. 분홍색 곰돌이 모양의 연필깎이를 만지작거리던 여자아이가 말했다.

"지은이 생일 파티 때 선물할 건데, 어때?"
"예쁘네. 그런데 촌스럽게 생일 파티가 뭐니? 생파라고 해야지."
"그러게. 참, 나는 생파 때 문화상품권 주는 애는 싫더라."
"맞아. 나도 문상은 별로야."
'생파는 생일 파티, 문상은 문화상품권을 줄인 말이었어?'
그동안 모르던 말의 뜻을 알게 되자, 마치 암호를 푼 것처럼 신이 났다.
'히히, 나도 이제부터 열심히 써먹어야지. 촌스럽지 않게.'

그 뒤부터 나는 아이들이 쓰는 줄임말을 열심히 외웠다. 뜻을 잘 모르는 말은 인터넷을 찾아보았다.

어느덧 내 수첩에는 아이들이 많이 쓰는 줄임말이 하나, 둘 늘어나기 시작했다.

자기 전에는 꼭 열 번씩 줄임말을 연습했다. 그러자 내 입에서도 줄임말이 술술 새어 나왔다.

바른 말 쓰기 대작전 1

'줄임말'의 정체를 파헤쳐라!

 줄임말이 뭐예요?

 긴 말을 중간마다 한 글자씩 따서 줄여 쓰는 말이에요. 생파(생일 파티), 생선(생일 선물), 놀토(노는 토요일), 비번(비밀번호), 꼬댕이(공부도 못하고 놀지도 못하는 친구) 등이 있지요.

 왜 줄임말을 쓰는 걸까요?

 편리하고 재밌어서, 또는 친구들 사이에서 멋져 보이고 싶거나, 친구 사이를 더 가깝게 할 수 있다고 생각해서 줄임말을 쓰기도 해요. 하지만 우리말인 한글을 재미나 편리를 위해 바꾸는 것은 옳지 않아요. 또, 줄임말 중에는 부정적인 의미를 갖는 단어들이 많아서 실제로 멋있어 보이지도 않지요.

 왜 줄임말을 쓰면 안 되나요?

 줄임말을 모르는 사람들과는 말이 잘 통하지 않으니까요. 또, 계속 줄임말을 쓰다 보면 바른 말을 사용하는 법을 잊어버릴 수도 있어요.

비밀 작전이 시작되다

화요일 체육 시간, 청팀과 백팀으로 나누어 축구 시합을 하기로 했다. 용수와 진철이가 주장이 되어 선수들을 뽑았다. 둘이 마주 서서 가위바위보를 했다.

용수가 먼저 이겼다. 용수는 동우를 골랐다. 그 다음에는 진철이가 이겼다. 진철이는 민기를 골랐다.

한 명, 두 명 선수들이 뽑힐 때마다 내 마음은 바짝바짝 타 들어갔

다. 선수로 뽑히지 않으면, 여자아이들 틈에서 응원을 해야 하기 때문이다. 선수를 다 뽑고, 후보 선수를 뽑을 때까지도 용수는 나를 뽑지 않았다.

이제 진철이 차례였다. 진철이가 남은 아이들을 둘러보았다. 남자아이는 나 혼자뿐이었다. 진철이가 손가락으로 나를 가리켰다.

"나대기!"

그렇게 나는 백팀 선수가 되었다. 하지만 후보 선수라 게임은 뛸 수가 없었다.

시합이 시작되자, 청팀 주장 용수는 쌩쌩 뛰어다녔다. 용수는 백팀 골문 앞까지 공을 몰고 들어가서 멋진 슛을 날렸다.

골인! 1:0.

조금 있자 또 용수가 공을 잡았다. 용수가 동우에게 공을 패스했고, 동우는 머리로 힘껏 공을 받았다.

골인! 금방 2:0이 되었다.

백팀은 청팀을 쫓아다니느라 힘이 다 빠졌다. 백팀의 패스는 엇나가고, 공은 골대를 맞고 튕겨 나왔다.

전반전이 끝나고, 후반전이 되었다. 진철이가 세 번이나 슛을 날렸지만, 공은 계속 빗나갔다.

다시 기회를 잡은 진철이는 빠르게 청팀 골문을 향해 공을 몰고 들어갔다.

"김진철, 파이팅!"

백팀 응원단 목소리가 커졌다.

슛! 진철이가 찬 공이 골키퍼 손을 맞고 골대 안으로 들어갔다. 2:1이 되었다.

"와!"

"잘한다, 백팀!"

당황했는지 청팀이 허둥거렸다. 이번에는 민기가 공을 잡았다.

"김민기, 파이팅!"

민기가 막 슛을 차려는 순간, 뒤에서 용수가 민기 팔을 잡았다. 그 바람에 꽈당, 민기가 넘어졌다. 발목을 다쳤는지 끙끙거리며 일어나지 못했다.

"백팀 선수 교체. 나대기, 김민기 대신 들어가세요."
 이름이 불리자 나는 신이 나서 뛰어 들어갔다. 하지만 백팀 아이들은 나에게 공을 주지 않았다.

"5분 남았어요!"

선생님 말이 끝나자마자 응원 소리가 더 커졌다.

그때 진철이가 찬 공이 나를 향해 날아왔다.

'그래, 지금이야!'

나는 얼른 공을 향해 발을 쭉 뻗었다. 그런데 신발이 공보다 먼저 나가 버렸다.

결국 축구 시합은 2:1로 청팀이 이겼다.

진철이가 나를 보며 말했다.

"어휴, 너를 뽑는 게 아니었어."

"나대기, 고맙다. 너 때문에 우리 팀이 이겼어."

축구하다 실수한 것 때문에 창피한데, 용수까지 놀리자 화가 났다. 나도 모르게 용수가 내민 손을 홱 뿌리쳤다.

"나대기! 시합에 져서 속상한 건 알지만, 친구를 괴롭히면 안 돼요!"

억울했다. 손을 뿌리쳤을 뿐인데, 친구를 괴롭혔다니! 선생님은 참 이상하다. 속상한 내 마음은 귀신같이 알면서, 왜 용수가 나를 놀린 건 모를까?

선생님은 나보다 용수를 더 좋아하는 것 같다. 진철이도, 아이들도, 선생님도 모두 용수 편이다. 내 편은 하나도 없다. 그런 생각이 들자 점점 더 화가 났다.

저녁이 되었다. 엄마 아빠와 함께 식탁에 앉아 저녁을 먹었다. 아빠

얼굴을 보자 낮에 있었던 일이 갑자기 생각났다.

"아빠?"

"왜?"

"우리 담샘(담임 선생님) 진짜 이상해요."

아빠가 밥을 먹다 말고, 나를 빤히 바라보았다. 담샘이 무슨 뜻인지 모르는 것 같았다.

아빠가 엄마에게 물었다.

"대기가 지금 뭐라고 하는 거야?"

"글쎄요? 딤섬? 딤섬은 중국 만두 아닌가?"

엄마도 고개를 갸웃거렸다.

"딤섬이 아니라 담샘이에요, 담샘!"

"담샘이 대체 뭔데?"

아빠가 답답하다는 듯이 말했다. 답답한 건 아빠가 아니라 나다.

"아빠는 담샘이 무슨 말인지도 몰라?"

엄마가 콩, 내 머리를 쥐어박았다.

"너 오늘 영어 단어 시험 봤다며? 왜 이야기 안 했어? 몇 점이야?"

"그, 그게……."

내가 머뭇거리자 엄마가 야단을 쳤다.

"이상한 소리 그만하고 얼른 밥 먹고 영어 단어나 외워. 너 지금처럼 공부하다가는 진짜 큰일 난다."

엄마가 나를 노려보았다. 나는 의자에서 벌떡 일어나며 말했다.

"어휴, 진나(진짜 짜증 나)!"

다른 때 같았으면 나쁜 말을 쓴다고 혼났을 텐데, 진나가 무슨 말인지 모르는 엄마는 그냥 넘어갔다.

'히히, 바로 이거야! 사람들을 골려 주고 싶을 때 줄임말을 쓰는 거야. 속상한 마음도 풀어지고 좋네.'

나는 얼른 방으로 들어와 책상 앞에 앉았다.

'줄임말을 더 많이 만들어야겠어. 나대기만의 줄임말.'

수첩을 꺼내 줄임말들을 적어 내려갔다. 수첩에 적힌 내용을 쭉 읽어 보니, 정말 재미있었다.

"킥킥, 나는 천재야, 천재!"

나대기의 비밀 작전이 시작되었다.

용수를 이기다

나대기의 비밀 수첩

1. 진나(진짜 짜증 나) : 속상하고 화가 날 때 쓰는 말.

2. 리마(잔소리 대마왕) : 잔소리가 심한 엄마를 부르는 말.

3. 파파몬(파파+몬스터) : 뭐든지 시키는 대로 하기를 원하는 아빠를 부르는 말.

4. 수지(왕 재수 싸가지) : 힘이 세다고 대장 노릇을 하는 얄미운 용수를 부르는 말.

비밀 작전 첫째 날, 학교 가는 길에 용수를 만났다.
"꼬댕이(공부도 못하고 놀지도 못하는 애)! 다음 축구 시합 때도 잘 부탁한다."
'뭐 꼬댕이? 다음번에도 공 대신 신발을 날리라고?'
스멀스멀 화가 올라왔다.
용수가 앞으로 가자, 나는 아주 조그맣게 '진나!'라고 말했다. 그러자 기분이 좀 나아졌다. 용수가 저만치 가서 보이지 않자, 나는 조금

더 크게 '진나!'라고 세 번 외쳤다.
 '최용수, 너만 줄임말 쓰는 거 아니거든. 나도 쓸 줄 알거든.'
 그때 선미가 다가왔다.
 "대기야, 너무 기분 나빠 하지 마."
 "내가 뭘?"
 나도 모르게 말이 퉁명스럽게 나왔다.
 선미가 나를 가만히 바라보았다.
 "용수가 한 말 들었어. 그래도 참아. 화내고 속상해 하면 애들이 더

놀려."

내가 아무 말도 하지 않자, 선미는 쌩 하니 앞으로 걸어갔다.

선미는 내 짝꿍이다. 키가 작고 얼굴은 네모지다. 노래도 못하고, 운동도 못한다. 나처럼 공부도 별로다. 선미는 아이들에게 놀림을 많이 당한다.

아이들은 선미를 '콩!'이라고 불렀다. 하지만 선미는 화를 내거나 울지 않았다. 마치 감정이 없는 애 같았다. 그랬던 선미가 이런 말을 할 줄은 정말 몰랐다.

'애들이 놀릴 때마다 나는 모른 척했었는데, 왜 이렇게 친절하지? 짝꿍이라 봐준 건가?'

나는 얼른 선미를 쫓아갔다.

"선미야!"

"왜?"

"아까 내가 한 말 들었어?"

"진……. 뭐라는 말?"

"잠깐 이리 와 봐."

나는 선미 손을 잡고 나무 밑으로 갔다.

"지금부터 내가 하는 말은 너만 알고 있어야 해. 약속해."

"무슨 말인데?"

"내 비밀 작전에 너를 끼워 주는 거야. 잘 들어."

"알았어."

"아까 내가 한 말은 '진나'야. 진나는 '진짜 짜증 나.'의 줄임말이야. 내가 만든 나만의 줄임말."

"그런 걸 왜 만들었는데?"

"그렇게 말하고 나면, 나빴던 기분이 좋아지거든."

"정말?"

"진짜라니까! 아까도 그래서 그 말을 한 거야."

"그 말……. 나도 써도 돼?"

선미가 눈을 반짝거리며 말했다.

"그럼."

선미가 활짝 웃었다. 선미가 나를 보고 웃은 것은 처음이었다.

"하나 더! '수지'라는 말도 있어. '왕 재수 싸가지'를 줄인 말인데, 용수를 부르는 말이야."

"히히. 재밌다."

"그러니까 너도 앞으로 용수가 놀리면 내가 알려 준 말을 써. 그리고 이건 우리 둘만 알고 있어야 해. 들키면 안 돼!"

"알아. 비밀 작전이잖아!"

비밀을 나누어 갖는다는 건 참 야릇했다. 선미와 무척 친해진 것 같았다.

　점심시간, 용수와 아이들이 또 모여 있었다. 용수 주변이 떠들썩했다. 궁금해서 슬며시 다가갔다.

"자, 이제부터 말씨름 대회를 하겠습니다! 줄임말을 많이 알고, 잘 만드는 사람이 이기는 게임입니다."

진철이가 손으로 마이크를 만들어 입에 대고 말했다.

"이기면 상이 뭔가요?"

아이들이 물었다.

"우승한 사람은 일주일 동안 자기가 원하는 사람에게 하루에 한 가지씩 심부름을 시킬 수 있습니다."

용수가 먼저 손을 번쩍 들자, 동우와 민기도 손을 들었다.

"자, 그럼 동우와 민기부터 하겠습니다. 이긴 사람은 용수와 합니다."

개그맨이 꿈이라는 진철이는 진짜 사회자가 된 것처럼 말을 술술 잘했다.

동우와 민기가 먼저 붙었다. 민기가 먼저 공격을 했다. 동우 얼굴을 보며 '꼬댕이!'라고 외쳤다.

동우는 시합이라는 것도 잊어버리고, 얼굴이 붉으락푸르락해졌다.

"야, 내가 왜 꼬댕이야!"

진철이가 민기 팔을 번쩍 들어 올렸다.

"민기 승!"

이번에는 용수와 민기가 붙었다. 용수는 화가 난 사람처럼 민기를

쏘아보았다. 민기는 아까 동우랑 할 때와 많이 달랐다. 대장 앞이라기가 팍 꺾였는지, 달랑 두 개 말하고 지고 말았다.

"용수 승!"

진철이가 용수 팔을 번쩍 들어 올렸다.

"대단해! 역시 우리 대장이야!"

아이들이 말했다.

"도전할 사람 또 없습니까? 없으면 용수가 우승입니다!"

내가 손을 들었다.

"나대기, 네가 한다고?"

진철이와 아이들이 나를 바라보았다.

"응."

"쿡쿡, 그렇게 지고 싶냐?"

용수가 키득거렸다.

진철이가 아이들을 둘러보며 말했다.

"자, 결승전입니다. 이번에 이기는 사람이 줄임말의 왕이 되는 겁니다. 시작!"

용수가 먼저 말했다. "꼬댕이!"

나도 지지 않았다. "담샘!"

용수가 외쳤다. "열공!"
나도 받아쳤다. "생파!"

내가 지지 않고 줄임말을 말하자 용수 얼굴이 점점 붉으락푸르락해졌다.

용수가 또 말했다.
"잼!"

나도 말했다.
"헐!"

용수가 고개를 갸웃거렸다. 진철이가 용수를 바라보았다.
용수 입은 꾹 닫힌 채 꿈쩍도 하지 않았다.
"……."

"파파몬!"
내가 외쳤다. 진철이가 용수에게 물었다.
"무슨 뜻인지 알면 한 번 더 기회가 있습니다. 무슨 뜻인지 압니까?"

"

용수가 머리를 긁적거렸다. 얼굴이 붉으락푸르락했다. 아이들도 술렁거렸다.

"하나, 둘, 셋……."

진철이가 다시 숫자를 세었다.

"나대기 승!"

용수는 진철이 말이 떨어지자마자 교실 밖으로 나갔다.

"파파몬이 무슨 말이야? 너는 아니?"

아이들이 용수를 따라가며 수군거렸다.

"몰라. 나도 처음 들었어. 헐, 나대기가 이길 줄이야."

"그러게. 대장이 그렇게 질 줄 몰랐어."

아이들의 놀란 표정을 떠올리자 절로 어깨가 으쓱해졌다.

'히히, 최용수, 요럴 줄 몰랐지?'

내 자리로 돌아오자, 선미가 엄지손가락을 들어 보였다.

"아까 용수 얼굴 봤어?"

"그럼! 속이 다 시원하더라."

선미가 쿡쿡 웃었다.

"너 아까 진짜 멋지더라."

선미가 나를 빤히 바라보았다. 그러자 이상하게 가슴이 울렁거렸다.

"그럼, 내가 누군데! 바로 나대기라고."

나는 우쭐한 마음이 들어 큰 소리로 말했다.

조금 있으니 아이들이 우르르 교실로 들어왔다. 용수는 한참 뒤에 고개를 푹 숙이고 터덜터덜 들어왔다. 모습이 꼭 병든 닭 같았다.

그 모습을 본 선미가 작게 '수지!'라고 중얼거렸다. 나도 따라했다. 용수를 이긴 게 이렇게 기분 좋을 줄 몰랐다.

킥킥, 자꾸만 웃음이 나왔다.

쓰면 쓸수록 재미있는 줄임말

용수에게 심부름 시킬 생각을 하니까 오늘은 학교 가는 길이 즐거웠다. 수업 시간도 후다닥 지나갔다.

바른 말 쓰기 대작전 2

왜 바른 말을 써야 할까?

1. 거친 말이나, 놀리는 말을 사용하면 친구에게 상처를 줄 수 있어요. 하지만 바르고 고운 말을 사용하면 서로의 기분도 좋아지고, 친구와의 사이도 더 돈독해져요.

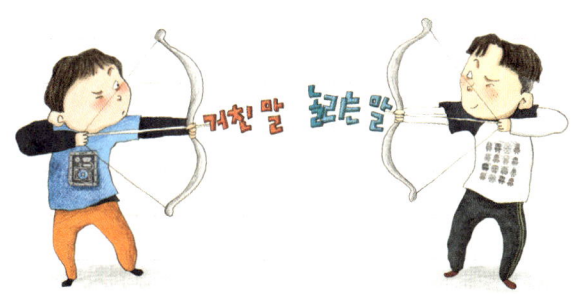

2. 바른 말을 사용하는 사람은 마음씨도 바르게 변해요. 바른 말을 사용하기 위해 한 번 더 고민하고, 노력하다 보면 생각도 깊어지고 바른 생각을 하게 되지요. 또, 말솜씨도 좋아질 수 있어요.

3. 바른 말, 고운 말을 써요. '재미있어서, 유행이니까' 하고 무조건 따라 하기보다 우리말과 글의 아름다움을 지키기 위해 노력해요.

"정말 심부름 시킬 거야? 용수가 네 심부름을 할까?"

선미가 물었다.

"졌으니까 해야지."

"무슨 심부름을 시킬 건데?"

"그건 아직 정하지 않았어. 무슨 심부름을 시켜야 용수를 골탕 먹일 수 있을까?"

"너무 심한 건 시키지 마. 용수 화나면 진짜 무서워."

"알았어. 청소나 하자."

선미랑 같이 먼지를 털었다. 여진이는 빗자루로 바닥을 쓸고 있었

다. 바닥을 다 쓴 여진이가 막 쓰레받기로 쓰레기를 담으려고 할 때였다. 용수가 뛰어오다가 모아 둔 쓰레기를 흩어 놓았다.
"최용수!"
여진이가 불렀지만, 용수는 들은 척도 하지 않았다. 진철이랑 잡기놀이를 하며 계속 교실 안을 뛰어다녔다.
"청소는 안 하고, 말썽만 피우고! 너 자꾸 그러면 선생님한테 이른다."
여진이가 으름장을 놓았지만, 용수는 되려 큰소리를 쳤다.

"이르고 싶으면 일러. 하나도 안 무서워."
"너 정말 그럴래?"
화가 난 여진이가 팔짝팔짝 뛰었다.
공부도 잘하고, 운동도 잘하고, 얼굴까지 예쁜 여진이는 아이들에게 인기가 많다. 반장 노릇도 똑소리 나게 잘한다. 그래서 남자아이들은 여진이 말은 다 들어준다.
그런데 용수는 들은 척도 하지 않으니 화가 날만도 하다.
'바로 지금이야!'
나는 용수를 큰 소리로 불렀다.
"최용수!"
"왜?"

심부름

시키려고

"심부름 시키려고."

용수가 얼굴을 찌푸렸다. 아이들이 보고 있으니까, 대장 체면에 싫다고 하지도 못하는 것 같았다.

"심부름이 뭔데?"

"쓰레기 쓸어 담아."

용수는 아무 말 없이 여진이가 들고 있던 빗자루와 쓰레받기를 빼앗았다. 그러고는 씩씩거리며 쓰레기를 쓸어 담았다.

"어휴, 내 속이 다 시원하네."

여진이가 웃었다. 교실을 나오는데, 여진이가 손을 흔들었다.

"나대기, 잘 가!"

여진이가 나한테 친절하게 말을 건넨 건 이번이 처음이다. 줄임말을 쓰기 시작하니까 좋은 일이 막 생긴다.

운동장을 걸어오는데 용수가 나를 잡고 나무 밑으로 갔다.

"계속 심부름 시킬 거야?"

"그럼. 여섯 번이나 남았잖아."

"나랑 둘만 있을 때 시키면 안 돼?"

"생각 좀 해 보고."

 돌아서서 뛰어오는데, 쿡 웃음이 나왔다. 우리 반 대장 용수가 나한테 쩔쩔맬 줄은 정말 몰랐다. 선미가 기다렸다 물었다.
 "수지가 뭐래?"
 "아이들 앞에서 심부름하는 게 싫은가 봐."
 "치, 자기가 진짜 대장인 줄 아나? 나는 우리 반에서 수지가 제일 싫어. 만날 놀리고 괴롭히잖아."
 "나도 제일 싫어!"
 "정말 수지야! 네가 줄임말 하나는 진짜 잘 만든 것 같아."
 선미가 쿡쿡 웃으며 내 어깨를 툭툭 두드렸다.
 "그럼. 내가 얼마나 고민 고민해서 만들었는데. 수지, 오 수지!"
 그때 지나가던 용수가 불쑥 다가왔다.

"너 수지랑 친해?"

"뭐?"

"방금 수지라고 했잖아. 4반 수지 맞지?"

"마, 맞아."

놀란 선미가 말을 더듬었다. 용수가 내게 다시 물었다.

"수지랑 얼마나 친해?"

"조금. 같은 영어 학원에 다녀."

용수가 부드러운 목소리로 말했다.

"대기야, 수지에게 내 이야기 좀 잘 해 주면 안 될까? 그렇게만 해 주면 앞으로는 너를 놀리지 않을게. 너를 놀리는 애들도 내가 다 혼내 줄게. 진짜야."

용수 얼굴이 발그레해졌다.

'뭐야? 수지를 좋아하는 거야? 하긴 예쁜 수지를 누가 싫어하겠어? 그나저나 어쩌지? 계속 수지를 아는 척해야 하나?'

집에 오는 내내 머리가 복잡했다.

그 다음날부터 용수는 나만 보면 친한 체를 했다. 새 연필과 지우개를 주고, 맛있는 반찬도 덜어 주었다. 용수가 꼼짝 못하는 게 고소하고 재미있기도 했지만 한편으로는 걱정도 되었다.

내가 말하는 수지가 4반 여자애가 아니라는 걸 알게 되면, 아마도 나를 가만두지 않을 거다.

"용수, 쟤 왜 그래? 수지 때문이야?"
선미가 물었다.
"응."
"크크, 자기를 놀리는 줄도 모르고 굽실거리다니!"
"쉿, 누가 들으면 어쩌려고 그래?"
"듣긴 누가 들어."
선미는 용수 들으라는 듯이 계속 "수지, 오 수지!"를 부르며 다녔다. 용수가 아무 말도 못하자 선미는 쿡쿡 웃었다.
그때 여진이가 다가왔다.
"나대기, 송선미! 너희 이상해."
"우리가 뭘!"
"둘이 만날 수군거리고, 쿡쿡 웃고. 뭔가 있는 것 같은데······."
"있긴 뭐가 있어?"
여진이가 수상하다는 듯이

나와 선미를 번갈아 보며 말했다.

"틀림없이 뭔가 있어. 내가 무슨 일인지 꼭 밝혀낼 거야."

집에 오는 길에 선미가 말했다.

"여진이 걔 왜 그러니? 반장이면 다야?"

"조심해야겠어. 여진이가 알면 선생님께 이를 거야."

"비밀 작전인데 여진이가 어떻게 알겠어? 이참에 여진이를 골려 줄 줄임말도 만들까?"

"좋아."

"뭐가 좋을까?"

"음……. '하궁(하마궁뎅이)'이 어때? 여진이는 엉덩이가 크잖아."

"나대기, 역시 너는 줄임말 천재야!"

선미가 손뼉을 치며 좋아했다.

"우리 날마다 하나씩 줄임말을 만들자. 그래서 그동안 너랑 나를 놀렸던 아이들을 실컷 골려 주자."

"좋아! 나만 믿어."

오늘 '나대기의 비밀 수첩'에는 줄임말이 하나 더 늘었다. 앞으로도 계속 늘어날 거다.

비밀 수첩이 빼곡히 차는 날, 어쩌면 나는 우리 반 대장이 될지도 모른다. 진철이도, 용수도, 여진이도 더는 나를 얕보지 못할 거다.

아싸, 줄임말 천재 나대기 만세!

싫어, 다 싫어!

다음 날부터 선미와 나는 쉬는 시간마다 새로운 줄임말을 만들었다. 줄임말로 아이들 몰래 흉도 보았다.

선미는 아이들이 모르는 줄임말을 쓰니까, 진짜 비밀 작전을 하는 것

같다며 좋아했다. 나도 답답했던 속이 뻥 뚫리는 것 같았다.

　선미와 나는 줄임말을 점점 더 많이 썼다. 수업 시간에도 몰래몰래 줄임말을 썼다.

　지난번에 말씨름 대회를 한 다음부터 아이들도 줄임말을 점점 더 많이 쓰기 시작했다.

　수업 시간에 선생님이 아이들을 둘러보며 말했다.

　"요 며칠 살펴보니까 줄임말을 쓰는 친구들이 많은 것 같아요."

　선미가 나를 쿡 찔렀다.

　"여진이가 일렀나?"

　"설마, 여진이가 비밀 작전을 어떻게 알겠어?"

　"왜 좋은 말, 고운 말을 써야 하는 걸까요?"

선생님이 물었다.
"어른들이 좋아하니까요!"
동우가 씩씩하게 대답했다.
"우리 엄마가 그러는데, 좋은 말, 고운 말을 써야 얼굴이 예뻐진대요."

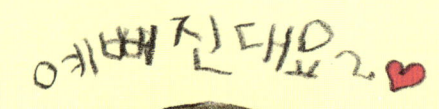

여진이가 또박또박 말했다.

"맞아요. 나쁜 말을 자꾸 쓰다 보면 얼굴도 미워지고, 성격도 나빠져요. 그렇게 되지 않으려면 좋은 말, 고운 말을 써야 해요. 말은 그 사람의 됨됨이를 드러낸다는 말이 있거든요."

용수가 손을 번쩍 들었다.

"선생님, 줄임말이 나쁜 말은 아니잖아요?"

"줄임말은 바르게 쓰는 말은 아니니까 좋은 말도 아니지요. 사람들이 줄임말을 자꾸 쓴다면 아름다운 한글이 망가질 거예요. 무슨 말을 하는지 서로 알 수 없으면 불편할 거고요. 그러니까 앞으로는 줄임말보다는 바른 말을 쓰도록 하세요."

여기저기에서 아이들이 소곤거렸다.

"후, 줄임말이 훨씬 재미있는데."

"맞아, 줄임말을 쓰면 어른들도 가끔 속일 수 있어서 신 나잖아!"

"혹시 어른들이 우리가 하는 말을 못 알아들으니까 줄임말을 쓰지 말라고 하는 건 아닐까?"

"그런 것 같아. 담샘도 우리가 쓰는 줄임말은 잘 모를걸."

아이들이 키득거렸다.

점심시간에 용수가 나를 교실 밖으로 불렀다.
"수지 언제 만나게 해 줄래?"
"뭐?"
"선생님께 말할까? 우리 반에서 줄임말을 가장 많이 쓰는 게 나대기, 바로 너라고."
"줄임말을 맨 먼저 쓴 건 바로 너잖아!"
"내가? 내가 언제? 쓸데없는 말 하지 말고, 이거나 받아."
용수가 초대장을 두 장 내밀었다.
"다음 주 토요일이 내 생일이야. 수지랑 같이 와. 참, 심부름 여섯 번 남은 건 무효야! 대신 줄임말 이야기는 비밀로 해 줄게."
'어쩌지? 내일모레가 토요일인데……. 수지에게 말해 볼까? 수지가

내 부탁을 들어줄까? 수지가 간다고 하면? 수지가 용수와 친해지면? 안 돼!'

 토요일 아침까지 생각하고, 또 생각했지만 좋은 방법이 없었다.

 수지를 데려가지 않으면 용수가 가만있지 않을 거다. 그렇다고 수지를 데려갈 마땅한 방법도 없었다.

 '그래! 선물을 두 개 가지고 가는 거야. 하나는 수지가 줬다고 거짓말하면 돼!'

 방문을 열고 거실로 나갔다. 엄마는 친구와 통화를 하고 있었다.

"엄마! 생파에 가야 하니까, 문상 좀 줘!"

"조금 있다가 다시 이야기해."

소파에 앉아서 기다렸다. 엄마는 삼십 분이나 더 통화를 했다. 그러더니 전화를 끊자마자 급한 일이 있다며 나가려고 했다.

"엄마, 문상!"

"엄마 문상 가는 거 어떻게 알았어?"

"무슨 소리야? 문상 달라니까! 생파에 가야 한단 말이야."

"생파? 문상? 도대체 무슨 소리를 하는 거야? 나중에 이야기해. 엄마 지금 급해."

엄마는 짜증을 내며 급하게 나가 버렸다.

아빠에게 전화를 해 보았지만, 아빠는 내 말을 다 듣기도 전에 바쁘다며 전화를 딱 끊었다.

'어쩌지? 용돈도 다 쓰고 없는데……'

그때 엄마 방에 돼지 저금통이 있는 게 생각났다.

얼른 엄마 방으로 달려갔다. 투명한 배 안에 만 원짜리와 천 원짜리, 오백 원짜리가 섞여 있는 게 보였다.

'만 원짜리 두 장이면 돼.'

저금통 입구를 칼로 살살 잘라 조금 더 크게 벌렸다. 그런 다음 만 원짜리 두 장을 꺼냈다.

문방구로 달려가 오천 원짜리 문화상품권을 사고, 남은 돈으로는 축구공을 샀다.

아줌마에게 축구공은 사탕 모양으로 포장해 달라고 했다.

그런 다음 곧바로 용수네 집으로 갔다.

벨을 누르자 용수가 나왔다. 용수는 수지가 없는 것을 확인하고 얼굴부터 찌푸렸다.

나는 얼른 뒤에 감춰 두었던 축구공을 꺼냈다.

"수지가 준 거야. 못 와서 정말 미안하대."

용수가 기뻐서 펄쩍펄쩍 뛰었다.

"정말이야?"

"응. 그리고 이건 내 선물이야. 엄마랑 할머니 댁에 가기로 해서 이제 그만 가야 해."

손에 들고 있던 문상을 내밀었다.

"그냥 와도 되는데……. 고마워!"

용수가 내 손을 꼭 잡았다.

집에 돌아오는데 다리가 다 후들거렸다.

엄마는 저녁이 다 되어서야 돌아왔다. 피곤하다며 안방으로 쏙 들어갔던 엄마가 나를 큰 소리로 불렀다.

"나대기! 이리 좀 와!"

안방으로 들어가자 엄마가 돼지 저금통을 가리켰다.

"저금통 만졌지?"

"그게, 그러니까……. 문상을 사야 하는데 돈이 없어서……."

"너 정말 왜 이래?"

짝! 엄마가 내 등짝을 때렸다. 퇴근한 아빠도 엄마 편을 들었다.

"아빠, 친구 생파에 가야 했다고요. 돈이 꼭 필요했단 말예요."

"여보, 얘가 요즘 왜 이상한 말만 하는 걸까요? 나쁜 친구들을 사귀는 건 아닌지……. 정말 속상해요."

엄마가 아빠를 보며 말했다.

"나대기! 네 방에 가서 뭘 잘못했는지 잘 생각해 봐."

아빠도 화가 많이 난 것 같았다.

나는 아무 소리도 못하고 내 방으로 돌아왔다.

속상한 건 엄마 아빠가 아니라, 바로 나다. 아들 말도 못 알아듣고, 아들 마음도 몰라주는 엄마 아빠 때문에 정말 속상하다.

나는 벽에 대고 소리쳤다.

"싫어, 다 싫어! 리마도 싫고, 파파몬도 싫어!"

모든 것이 들통 나다

월요일, 화장실에 가다가 복도에서 용수를 만났다.

용수가 박지성 선수의 사진을 내밀었다. 축구 선수가 되고 싶어하는 용수가 늘 가지고 다니는 거다.

바른 말 쓰기 대작전 3

올바른 언어 습관을 기르자!

말은 내 생각과 감정을 드러내요.
내 생각과 감정을 잘 드러내려면 올바른 언어 습관을 갖는 게 중요해요.
사람들에게 사랑받는 멋진 어린이가 되려면 어떻게 말해야 할까요?

1. 어른에게는 항상 존댓말을 해요.
2. 남을 흉보거나, 욕하거나, 놀리는 말을 쓰지 않아요.
3. 말하기 전에 상대방 입장을 먼저 생각해요.
4. 다른 사람의 말을 잘 들어요.
5. 큰 소리로 떠들지 않아요.
6. '~인 것 같아요.'라는 말 대신에 내 생각을 분명하게 말해요.
7. '~는 못하는데.' 등의 부정적인 말보다는 '~도 할 수 있어!'라는 긍정적인 말을 사용해요.

"이거 내가 정말 아끼는 거야. 너 가져."
"됐어."
미안해서 받지 않으려고 하자, 용수가 말했다.
"우리는 친구잖아."
할 수 없이 사진을 받았다. 그때 복도 끝에서 수지가 걸어왔다. 용수는 얼른 수지에게 뛰어갔다.
"수지야, 축구공 잘 받았어. 고마워!"
수지가 이상하다는 듯이 용수를 바라보았다.
"축구공이라니? 무슨 소리야?"

수지가 쌩 하니 가버리자, 용수가 나를 쏘아보았다.

"나대기, 어떻게 된 거야?"

"……."

"수지를 안다는 것도, 수지가 축구공을 줬다는 것도 다 거짓말이었어?"

"……."

내가 대답을 못하자 용수가 내 발을 뻥 찼다. 그러고는 뒤도 돌아보

지 않고 교실로 들어갔다.

　엄지발가락이 너무 아팠다. 발을 잡고 끙끙거리는데 뒤에서 여진이가 웃었다.

　"호호, 쌤통이네! 선미랑 비밀 작전을 할 땐 신 나고 재미있었겠지. 지금은 기분이 어때?"

　"어, 어떻게 알았어?"

　여진이가 내 비밀 수첩을 살랑살랑 흔들었다.

　"영원한 비밀이 있는 줄 아니?"

　수첩에는 그동안 만든 줄임말이 몽땅 적혀 있었다.

　만약 선생님이 본다면? 으악! 생각만 해도 끔찍했다.

　"여진아, 그거 이리 줘! 부탁이야."

　손을 내밀었지만, 여진이는 그냥 돌아섰다.

　교실로 들어가자 아이들이 나를 보며 소리를 질렀다.

　"우우, 수지가 왔네!"

　여진이가 벌써 아이들에게 말한 것 같았다. 용수가 나를 가리키며 말했다.

　"얘들아, 리마와 파파몬 사이에서 태어난 나대기는 사람일까? 괴물일까?"

"우우, 몰라요. 몰라!"
아이들이 대답했다. 얼굴이 화끈거렸다.
"괜찮아?"
선미가 조그맣게 말했다.
"상관 마."
내가 툴툴거리자 선미도 짜증을 부렸다.
"그러게 왜 바보같이 수첩을 흘리고 다녀? 여진이가 선생님께 이른다던데, 이제 어쩔 거야?"
"그걸 왜 나한테 물어?"
"나대기, 네가 비밀 작전을 하자고 했잖아. 이게 다 너 때문이야!"
선미가 씩씩거렸다. 친절하던 여진이는 약을 올리고, 천재라며 응원하던 선미는 나를 바보라고 부른다. 도대체 무엇이 잘못된 것일까?

외계인이 된 나대기

비밀 작전을 들킨 다음 날부터 아이들은 나를 아는 척도 하지 않았다. 자기들끼리 떠들다가도 나만 나타나면 입을 닫았다.
"용수야! 나랑 이야기 좀 해."
"나는 외계인하고는 이야기 안 해. 너는 외계인 말만 쓴다며?"
"외계인 말이라니?"

쌤통이네.　　많이 아파?
　　　　　　도와줄까?

앗, 아파!

놀토에 뭐할 거야?　뭐라고?　우리 축구하자!　노는 토요일에 뭐할 거야?

"다른 사람은 알아듣지도 못하는 말이 외계인 말이지 뭐냐?"
"줄임말은 너희도 썼잖아."
그때 진철이가 끼어들었다.
"우리는 이제 줄임말 안 쓰거든!"
동우도 거들었다.
"선생님이 그러셨잖아. 예쁜 말, 고운 말을 써야 한다고."
민기도 얄밉게 한 소리 했다.
"나대기, 이제 그만 외계인 나라로 돌아가지?"

아이들은 나를 외계인 취급했다. 정말 외계인이 된 것만 같았다. 그것뿐만이 아니다.

등에 '외계인은 외계인 나라로!'라고 쓴 쪽지가 붙어 있을 때도 있었다.

선미는 이제 나에게 말도 걸지 않는다.

'후, 이제 정말 어떡하지?'

집에 가려고 책가방을 챙기는데, 며칠 전 선미가 준 초대장이 보였다. 용수 생일 파티 걱정에, 그동안 깜빡 잊고 있었다.

선미가 초대장을 나에게 내밀며 말했었다.
"초등학교 들어와서 처음 주는 초대장이야."
초대장을 펴 보았다.
바로 오늘이었다.
'가도 될까? 선미는 나를 초대한 것도 잊어버렸을지 몰라. 아니야! 나만 초대한다고 했잖아. 내가 안 가면 속상할 거야.'
생각이 왔다 갔다 했다. 말씨름 대회에서 이겼을 때 엄지손가락을 세우며 나를 응원하던 선미가 생각났다. 포도 맛 아이스크림을 사 주면서 활짝 웃던 선미도 생각났다.
'그래, 가 보자.'
선미네 집으로 가는 버스를 탔다.
'내리는 곳을 지나치지 않으려면 정신을 바짝 차려야 해.'

초대장

줄임말 천재, 나대기에게!

비밀 작전, 같이하자고 해서 고마웠어.
나랑 이야기도 하고 아이스크림도 같이 먹어 줘서 정말 고마워.
그래서 용기를 냈어.
대기야, 내 생파에 오지 않을래?
네가 꼭 왔으면 좋겠어.
네가 오면 정말 행복할 거야.

- 날짜 : 0000년 00월 00일 (목요일) 오후 3시
- 장소 : 박선미 집. 푸른 마을 하늘 아파트 103동 404호.
  (버스를 타고 와야 하지만, 대기 너는 잘 찾아올 거야.)
- 준비물 : 진짜 없음. (그래도 가지고 오고 싶으면, 내가 좋아하는 아이스크림 한 개면 됨.)

나대기 짝꿍 송선미가.

두 눈을 크게 뜨고 밖을 보았다. 도서관을 지나고, 엄마랑 가던 백화점도 지났다. 얼마나 지났을까, 나도 모르게 스르르 눈이 감겼다.

"엄마, 다리 아파!"

"조금만 참아. 다음 정거장에서 내릴 거야."

남자아이가 우는 소리에 깜짝 놀라 눈을 떴다. 기사 아저씨에게 물었다.

"아저씨, 푸른 마을 하늘 아파트는 아직 멀었어요?"

"벌써 지났어."

"아저씨, 잠깐만요! 내려야 해요."

헐레벌떡 차에서 내렸다. 처음 오는 곳이었다.

'앗, 내 가방!'

가방 안에 지갑이랑 생일 초대장이랑 다 들어있는데, 그만 버스에 놓고 내렸다. 지나가던 할아버지에게 달려갔다.

"할아버지, 친구 '생파'에 가다가…… '깜놀' 해서 내렸는데, 어디가 어딘지 모르겠고……."

"어이구, 대체 뭔 소리를 하는지 알 수가 있어야지. 어른을 놀리면 못써!"

할아버지가 호통을 쳤다.

"아줌마, 친구 '생파'에 가다가……."

"얘, 너는 어떻게 다 큰 애가 우리말도 잘 못하니? 나 바빠. 장난치지 마."

장바구니를 들고 가던 아줌마도 화를 내며 그냥 가 버렸다.

저만치에서 착하게 생긴 아저씨가 걸어오고 있었다. 아저씨를 붙잡고 도와달라고 말했다. 아저씨는 친절하게 하늘 아파트 앞까지 데려다 주었다. 그런데 아저씨가 데려다 준 곳은 푸른 마을 하늘 아파트가 아니라 햇빛 마을 하늘 아파트였다.

용기를 내서 계속 지나가는 사람들에게 도와달라고 말했지만, 이상하게 자꾸 줄임말들이 쏟아져 나왔다.

"?◎>#☆♫……!"

(도와주세요. 길을 잃었어요!)

"쯧쯧, 집이 없나. 왜 저러고 있을까? 이상한 애네."

지나가던 아줌마가 이상한 눈으로 쳐다보았다.

"&*?@♥%……◁*?@♪☉@!"

(저, 이상한 애 아니에요. 나리 초등학교 3학년 나대기예요.)

똑바로 말하려고 하면 할수록 자꾸 더 이상한 줄임말들이 튀어나왔

다. 사람들은 모두 내가 하는 말을 못 알아들었다.

'왜 이렇게 내 말을 못 알아듣는 거야? 나는 외계인이 아니야! 대한민국 사람이라고!'

다리도 아프고, 목도 아팠다. 배도 고팠다.

'이러다가 영영 집에 못 가는 거 아냐? 엄마 아빠를 못 보면 어쩌지?'

슬슬 겁이 났다. 나도 모르게 털썩 주저앉아 한참을 울었다.

"엉엉! 어어엉! 엉 어어엉!"

얼마나 지났을까? 누군가 나를 불렀다.

"얘, 무슨 일이니?"

지나가던 중학생 형이었다.

'또 이상한 줄임말이 튀어나오면 어쩌지? 저 형은 내 말을 알아들을 수 있을까?'

입을 달싹거렸지만 말이 나오지 않았다.

나는 온 힘을 다해 제대로 말하려고 노력했다.

"저…… 저……."

"괜찮아. 천천히 말해."

"형, 제가요. 생파, 아니 생일 파티에 가려고……. 버스를 탔는데요

……."
내 이야기를 다 들은 형이 내 손을 꼭 잡았다.
"나 그 아파트 알아. 형이 데려다 줄게."
"형, 정말 그 아파트 알아요?"
"그럼."
형이 웃었다. 나도 활짝 웃었다.
후, 내 말을 알아듣는 형을 만나서 다행이다.
내가 외계인이 아니라는 걸 알게 되어서 정말 다행이다. 선미를 만나러 갈 수 있어서 정말 정말 다행이다.

나대기의 새로운 비밀 수첩

줄임말을 쓰지 않겠다고 결심한 대기가 새로운 비밀 수첩을 만들었어요.
새 비밀 수첩에는 어떤 내용들이 들어 있는지 잘 보고,
여러분도 한번 따라 해 보세요!

1. 축구를 잘하는 용수를 부르는 말 → 미래의 축구 왕
2. 천재라고 칭찬해 주던 선미를 부르는 말 → 칭찬 요정
3. 개그맨처럼 사회를 잘 보는 진철이를 부르는 말 → 3학년 1반 공식 아나운서
4. 발표를 또박또박 잘하는 여진이를 부르는 말 → (_____)

작가의 말

'말'은 나를 드러내는 거울

아들이 많이 아팠던 적이 있었어요. 학교에 간 아이가 걱정이 되어서 괜찮느냐고 문자를 보냈더니, 달랑 'ㅇㅇ' 두 개만 찍힌 답장이 온 거예요. '뭐라는 거야? 아프다는 거야, 괜찮다는 거야?' 무슨 뜻인지 몰라 고개만 갸웃거렸지요. 아들이 낯선 사람처럼 느껴져서 무척 서운하기도 했어요.

길을 걸어가거나, 차를 타고 가다가 어린이들이 나누는 대화를 듣다 보면 깜짝깜짝 놀랄 때가 많아요. 귀를 쫑긋 세우고 열심히 들어도, 도통 무슨 말인지 알 수 없을 때가 있거든요. 재미있다는 얼굴로 웃으면서 이야기를 나누는 모습을 보면 마치 내가 외계인이 된 것 같기도 하지요.

바쁜 세상에 줄임말 좀 쓰는 게 어떠냐고 생각할 수도 있어요. 줄임말을 잘 써야 친구들에게 뒤떨어지지 않는다고 생각할 수도 있고요. 어른들이 줄임말을 쓰지 말라고 하는 건, '줄임말이 얼마나 재미있는지 몰라서'라고 말하고 싶을지도 몰라요.

그런데 어린이 여러분, 이렇게 생각해 보면 어떨까요? 줄임말 때문에 엄마 아빠와 멀어진다면? 줄임말 때문에 내 친구가 오해를 한다면? 줄임말을 너무 자주 써서 바른 말 쓰는 법을 영영 잊어버리게 된다면? 그래서 나대기처럼 외계인이 되어 버린다면?

말은 사람과 사람 사이를 이어 줘요. 내 마음을 환히 드러내는 거울이나 마찬가지지요. 조각난 거울로는 마음을 온전히 드러낼 수 없어요.

어린이 여러분도 이제부터 바른 말, 고운 말을 쓰도록 노력해 보세요. 내 마음을 온전히 드러내는 바른 언어 습관이 사람들과의 관계를 돈독하게 할 거예요.

바른 말, 고운 말 작가
박혜숙

고운 말을 사용하면 마음이 고와져요

친구 사이에 줄임말을 쓰다 보면, 뜻을 모르는 어린이는 친구들이 무슨 말을 주고받는지 알 수 없어요. 이 책의 주인공인 나대기가 '생파'와 '문상'이 무슨 뜻인지 몰랐던 것처럼요.

뜻을 모르고, 이야기를 듣는 친구는 투명인간이 된 것처럼 따돌림 당한다고 생각할지도 몰라요. 줄임말을 주고받는 친구끼리는 웃을지 모르지만, 대화에 공감하지 못하는 친구는 속이 많이 상하겠지요.

줄임말을 쓰면 멋있다고 생각할 수도 있지만, 실제로는 그렇지 않아요. 줄임말 대부분 좋지 않은 의미로 사용되는 경우가 많거든요. 또 줄임말을 너무 많이 사용하는 것은 '우리말 곱고, 바르게 쓰기'에도 어긋나고요.

줄임말을 쓰는 어린이보다, 바른 말과 고운 말을 쓰는 어린이가 훨씬 더 멋있어 보여요. 고운 말을 쓰면 마음이 고와져요. 바른 말을 쓰면 바른 생각을 갖게 되고요. 친구 사이의 우정도 더 돈독해질 수 있어요. 마음이 곱고, 생각이 바른데 어떻게 멋있어 보이지 않을 수 있겠어요. 친구도 많아질 수 밖에요.

세종대왕께서 한글을 만드실 때 말씀하시기를 "사람마다 쉽게 익혀 날마다 사용함이 편안하게." 하라고 하셨어요. 한글은 많은 사람들이 쉽게 글을 알고, 쉽게 사용할 수 있도록 만들어진 과학적이면서도 우수한 글이에요. 이렇게 소중한 한글을 마음대로 줄이고, 바꿔 쓰면 안 되겠지요?

아동문학가, 초등학교 교장

전병호